LES
MOINES DÉVOILÉS

PAR

PIERRE des PILLIERS

Ancien prêtre et Vicaire de Clairvaux (Jura,) jadis bénédictin
de Solesmes (Sarthe). Fondateur et
premier supérieur de l'Abbaye d'Acey, près Dole (Jura).

« *Optimi corruptio pessima.*
« La pire des choses, c'est
» la corruption du mieux.

PRIX : 40 CENTIMES

BESANÇON
IMPRIMERIE THIRIET, RUE RONCHAUX, 15.

Mars 1887.

LES
MOINES DÉVOILÉS

PROLOGUE

Bien des gens se sont passionnés et se passionnent encore au sujet des Ordres religieux. Ce n'est pas seulement chez les cléricaux, c'est aussi chez les libéraux sincères que l'on trouve un certain nombre de partisans, sinon de la doctrine et de l'esprit du moine, au moins de sa liberté pleine.

Il est même à présumer que c'est en vertu de ce principe, évidemment louable, et, toutefois, fort spécieux, de la liberté pour tous, que le gouvernement de M. Grévy s'est contenté de sévir contre les seuls congréganistes s'opiniâtrant à ne point se soumettre à l'Etat, à renier sa suprématie en refusant de faire autoriser par lui les Constitutions de leur Ordre ou les Statuts de leur Congrégation particulière.

En établissant de la sorte une distinction fonda-

mentale entre les Ordres reconnaissant l'autorité
civile et ceux qui la méprisent, le gouvernement
s'est comporté, certes, avec sagesse et modération.
Il a prouvé qu'il sévissait justement contre des
hommes qui, se targuant de leur qualité de religieux pour se faire envisager comme autant de
personnages à part, incomparablement supérieurs
en mérites et vertus au reste des humains, devraient donc donner à ceux-ci l'exemple entraî-
nant et fécond de l'obéissance aux lois, cherchaient
au contraire à souffler l'insubordination et le désordre en se mettant, eux les prétendus modèles
du peuple, en hostilité déclarée avec les autorités
du pays. L'honnête homme a compris que le gouvernement ne pouvait tolérer cette révolte auda-
cieuse, aussi pleine d'orgueil insensé, de la part
de ses auteurs, que pleine de péril pour l'ordre
social. Voilà pourquoi l'Etat s'est trouvé soutenu
par l'opinion de tous les bons citoyens, applaudissant à l'unanimité l'expulsion des moines
rebelles.

Mais il ne s'agit plus aujourd'hui des Décrets du
29 mars 1880. La question est changée. Il s'agit
des Ordres approuvés antérieurement aux Décrets
et de ceux qui s'y sont extérieurement soumis.
Il s'agit aussi des Congrégations religieuses de
femmes, que les Décrets n'ont point visées. Ces
Ordres divers, de moines et de nonnes, doivent-
ils, au nom de la liberté pour tout le monde, être
autorisés à vivre, à se développer sans entrave?
Ou faudrait-il, au nom même de cette liberté, les
disperser au plus vite?

Afin de pouvoir, sur pareil sujet, prendre une
résolution sage, équitable et basée avant tout sur

la conscience, il faut connaître à fond la question monastique ou l'esprit monacal. Cela fait, l'on se décidera mûrement, c'est-à-dire avec pleine connaissance de cause.

Il faut savoir si la liberté que l'on invoque en faveur des Ordres religieux est une liberté vraie, et non la licence à tous les points de vue. Est-elle une liberté pour le religieux lui-même? Ou constituerait-elle, au contraire, un lien de servitude honteuse, insupportable, à son préjudice? Est-elle une liberté favorisant les libertés publiques et celle de chaque particulier? Ne serait-elle, au contraire, une entrave assez notable et permanente au progrès moral, intellectuel et matériel de la société?

La réponse à ces questions dépend de l'historique impartial et vrai que nous allons donner succinctement du monachisme ancien et moderne. Or, pour montrer que nous serions plus heureux de n'avoir qu'à justifier les moines au lieu de les noircir, et pour que l'on ne puisse en rien nous reprocher justement l'ombre d'un parti pris contre eux, nous nous interdisons d'aller chercher le moindre renseignement à leur égard dans les auteurs dont la tâche était de les dénigrer; nous les puiserons uniquement dans leurs panégyristes, et, surtout, dans le célèbre auteur contemporain qui s'est proposé tout spécialement de les préconiser, de leur dresser, par un travail assidu de vingt années de recherches et de rédaction soignée, un piédestal de gloire et d'honneur. Le lecteur instruit nous a déjà deviné. Nous parlons ici de l'ouvrage en cinq volumes in-8° de M. de Montalembert, intitulé : « *Les Moines d'Occident.* »

Si, lorsque nous passerons de l'ancien monachisme au moderne, il nous arrive également de nous citer nous-même en donnant des extraits de nos Mémoires en trois in-8° : « *Les Bénédictins de* » *la Congrégation de France,* » et sa suite : « *La* » *Cour de Rome et les trois derniers évêques de* » *Saint-Claude,* » on remarquera facilement que, ne voulant pas être, une seule fois, cru sur parole à l'égard des faits les plus importants, nous donnons toujours la preuve authentique et péremptoire à l'appui de nos assertions.

Tromper sciemment le public, ainsi que l'avoue à ses amis, dans l'intimité, certain auteur anticlérical devenu tristement fameux, nous paraît une infamie envers la société. Mais une calomnie à l'égard des moines est une injustice atrocement lâche, en ce moment surtout. La vérité, la stricte vérité, voilà le seul sentiment qui nous guidera toujours. C'est pourquoi nous n'avancerons rien que de véritable et bien établi.

PIERRE DES PILLIERS.

§ Ier

Cause et origine des Ordres monastiques.

Dans un ouvrage intitulé : « *Moines et Nonnes,* »
M. Marchand débute ainsi :

« L'idée qui a présidé au développement de la
» vie ascétique et monastique n'est pas une idée
» exclusivement catholique. C'est l'idée qu'en
» fuyant le monde, ses devoirs et ses labeurs, ses
» plaisirs et ses peines, pour se retirer dans une
» vie d'isolement et de privation, de prière et de
» contemplation, on s'élève à un degré supérieur
» de sainteté particulièrement agréable à la divi-
» nité. On retrouve cette idée dans l'antiquité
» orientale, grecque et romaine, bien avant la
» naissance du christianisme. L'Inde et la Perse
» ont eu de tout temps des pénitents vivant dans
» l'isolement et la contemplation. Chez les Grecs,
» l'école de Pythagore offrait de nombreuses ana-
» logies avec une association de moines chrétiens.
» Chez les Romains, le collège des Vestales était
» une sorte de couvent de nonnes. Enfin, le ju-
» daïsme, avant l'ère chrétienne, avait produit
» une association religieuse dont les points de
» ressemblance avec les associations catholiques
» sont aussi nombreux que frappants. Les Essé-
» niens vivaient dans l'exil volontaire sur les
» bords de la Mer-Morte. Ils formaient un certain
» nombre de petites communautés, où l'on n'en-

» trait définitivement qu'après un noviciat d'un
» an. Ils prenaient leurs repas en commun et por-
» taient tous le même vêtement. Ils ne renon-
» çaient pas tous au mariage, mais ils regardaient
» le célibat et la continence comme particulière-
» ment méritoires. Ils ne visitaient jamais le
» temple de Jérusalem, parce qu'ils n'approu-
» vaient pas l'usage sacré des sacrifices sanglants,
» et ils se contentaient d'envoyer au sanctuaire
» des offrandes non sanglantes. En entrant dans
» la communauté, ils faisaient serment d'en ob-
» server la Règle et les coutumes. Ils acceptaient
» en somme les croyances judaïques en les modi-
» fiant légèrement et en en développant la partie
» métaphysique : ils admettaient une espèce de
» hiérarchie des anges, qui rappelle l'enseigne-
» ment de l'Ecole d'Alexandrie. »

Tandis que M. Marchand s'occupe avant tout
des moines orientaux, les Esséniens et les Théra-
peutes, nous voulons, nous renfermant dans le
côté pratique, uniquement nous occuper des
moines occidentaux, et surtout de ceux de France.

Or, en vertu de quel appel du Christ se sont
formés tous les Ordres religieux ?

Evidemment ils ont prétendu répondre à cette
invitation : « *Si tu veux être parfait, va, vends*
» *tes biens, donne-les aux pauvres et suis-moi.* »
D'après les moines, suivre le Christ c'est n'avoir,
pas plus que lui, de possession terrestre. En effet,
il dit de lui-même (Saint Luc, IX, 18) : « *Les re-*
» *nards ont des tanières et les oiseaux du ciel des*
» *nids ; mais le Fils de l'Homme n'a pas une*
» *pierre où reposer sa tête.* »

Conformément à son exemple, il dit à ses dis-

ciples : « *Ne possédez ni or. ni argent, ni monnaie*
» *dans vos ceintures, ni sac pour le voyage, ni*
» *deux tuniques, ni bâton; mais contentez-vous de*
» *ce qui vous sera donné pour votre subsistance,*
» *car celui qui travaille mérite d'être nourri.* »

Le seul droit qu'il leur transmet, c'est de transformer l'univers par la prédication de l'Evangile :
« *Allez, enseignez toutes les nations.* »

Les biens propres aux vrais disciples du Christ
ne sont donc que des biens spirituels. Toutefois,
dès le temps des apôtres, les fidèles leur apportaient des aumônes. Les apôtres les faisaient servir aux indigents et partager à chacun selon ses
nécessités.

Au chapitre IV des *Actes* (32-39), on lit : « *Toute*
» *la multitude de ceux qui croyaient n'avaient*
» *qu'un cœur et qu'une âme, et nul ne considérait*
» *ce qu'il possédait comme étant à lui; mais toutes*
» *choses étaient communes entre eux. Ils n'avaient*
» *aucun pauvre, parce que ceux qui possédaient*
» *des fonds de terre ou des maisons les vendaient*
» *et en apportaient le prix, qu'ils mettaient aux*
» *pieds des apôtres, et on le distribuait à chacun*
» *selon ses besoins.* »

Mais c'étaient là de pures aumônes volontaires,
non des droits imposés. En effet, l'apôtre Pierre
(*Actes* V) dit à Ananie, pour lui reprocher uniquement son mensonge : « Ananie, comment Satan
» a-t-il tenté votre cœur jusqu'à vous faire men-
» tir au Saint-Esprit et détourner une partie de
» ce fonds de terre? Ne demeurait-il pas toujours
» à vous si vous aviez voulu le garder, et, même
» après l'avoir vendu, le prix n'en était-il pas
» encore à vous? »

Les premiers disciples des apôtres et leurs suc-
cesseurs continuèrent à marcher dans le même
esprit.

Saint Justin dit, dans son *Apologétique* : « Avant
» de connaître Jésus-Christ, nous préférions l'ar-
» gent et les richesses à toute autre chose ; au-
» jourd'hui, nous mettons en commun tout ce que
» nous possédons, et nous le partageons avec les
» indigents. »

Tertullien, dans son *Apologétique* également,
dit à son tour : « Nous n'avons qu'un cœur et
» qu'une âme. Excepté les femmes, tout est com-
» mun parmi nous. »

Durant trois siècles, les ministres de l'Eglise
obéirent avec amour aux préceptes de leur Maître.
Assujettis aux charges, comme les autres sujets
de l'empire, et confondus avec le reste des chrétiens, ils prélevaient, pour payer le tribut, sur la
portion destinée à leur existence. Une conduite
aussi désintéressée, excitant la confiance et l'admiration, valut au clergé des libéralités sans
nombre. Or, d'après saint Prosper, le clergé considérait ces aumônes « comme les vœux des fi-
» dèles, le prix de l'expiation de leurs péchés, le
» patrimoine des pauvres. » Il n'en prenait que
ce qu'il lui fallait pour une subsistance simple et
frugale, et distribuait le reste aux nécessiteux,
aux veuves et aux orphelins.

Saint Jérôme, commentant saint Paul, dit :
« L'apôtre permet à ceux qui servent à l'autel
» d'en vivre et non point de s'en enrichir ; c'est
» pourquoi nous ne pouvons porter de l'argent
» dans notre bourse, avoir plus d'un vêtement, ni
» penser au lendemain. »

Saint Chrysostôme (Homélie sur saint Paul à Timothée, chapitre VI, verset 8) : « *Ayant donc de* » *quoi nous nourrir et nous couvrir, nous devons* » *être contents,* » dit : « J'ose assurer avec confiance que les prélats de l'Eglise ne doivent rien » avoir au-delà de la vie et de l'habit. »

Animés du véritable esprit de l'Evangile, au lieu d'acquérir des biens personnels, les évêques refusaient, pour leurs propres Eglises et pour leurs pauvres eux-mêmes, les libéralités faites au détriment d'un tiers. Aussi, saint Augustin, refusant une donation qu'un père aigri contre son fils avait faite à l'Eglise d'Hippone, en parle ainsi devant son peuple : « J'ai bien fait de rendre au fils ce » que son père lui avait ôté dans sa colère. **Que** » ceux qui voudront déshériter leurs enfants » cherchent quelqu'un qui veuille recevoir leurs » donations ; ils ne trouveront certainement **point** » Augustin, et Dieu veuille qu'ils n'en trouvent » point d'autres. »

Puis, citant l'exemple d'Aurélius, évêque de Carthage, il dit : « Un homme n'ayant point d'en- » fant et n'en espérant pas, fit à l'Eglise une do- » nation de tous ses biens, dont il se réserva l'u- » sufruit. Il lui survint des enfants. Aurélius lui » rendit son bien sur lequel il ne comptait plus. » Cet évêque aurait pu garder ce bien en vertu » des lois civiles, mais il ne le pouvait suivant les » lois du ciel. »

Nous pourrions multiplier les citations et montrer que la primitive Eglise, exempte, on le sait, de tout monachisme, est restée exactement fidèle à l'esprit de son fondateur, ce qui prouve assez qu'elle était la véritable Eglise du Christ.

Vers la fin du IVe siècle, en 375, saint Martin, évêque de Tours, fondait le célèbre monastère de Marmoutiers, qui, l'an 400, celui de la mort du Saint, comptait 2,000 cénobites.

L'an 480 naissait le grand patriarche des moines d'Occident, saint Benoît, à Nurcie, province de l'Ombrie, en Italie. Il se retirait de Rome à Subiaco, dans les Apennins, à l'âge de quatorze ans, pour y servir Dieu dans la solitude. Ses grandes vertus excitèrent l'admiration publique et lui procurèrent de nombreux disciples voulant l'imiter.

A l'instar de saint Basile en Orient, de saint Augustin en Afrique, il convint à saint Benoît de donner une Règle à ses religieux. Or, la sienne est un vrai chef-d'œuvre à la fois de vertu, de sagesse et de perfection.

Ce fut en 543, année où mourut Benoît, au Mont-Cassin, que son disciple, saint Maur, vint dans l'Anjou fonder un monastère à Glandfeuil. Il implantait ainsi, sur le sol français, l'Ordre bénédictin qui s'y développa rapidement. Du VIe siècle à la fin du XVIIIe, on compte environ dix mille monastères qui furent fondés en France, et vingt mille autres dans l'Occident, sous la Règle de saint Benoît.

Tout se passait fort bien dans l'origine, alors que l'esprit du Christ animait les moines.

Comme ils faisaient partie du peuple, ils n'avaient d'autre temporel que ce qu'ils gagnaient par leur travail. C'est pourquoi, dans la nécessité, l'évêque leur remettait, en qualité de pauvres, des aumônes faites à l'Eglise. En outre, ils recevaient des offrandes directement des fidèles venant leur demander des prières. Quant au spirituel, après avoir été d'abord confondus à l'église avec le peuple, ils eurent la faculté de recevoir, de temps en temps, un prêtre qui leur administrat les sacrements; puis ils obtinrent d'en avoir, à demeure, un qui fût de leur corps, c'est-à-dire un moine uniquement habile à servir aux besoins spirituels de la communauté.

Cependant, les évêques, auxquels les moines s'étaient rendus utiles pour les affaires de leur Eglise ainsi que pour celles du temporel, leur donnèrent des emplois considérables.

§ II

Déviation des Ordres monastiques.

Si la plupart des premiers moines se montrèrent les modèles de toutes les vertus, comme aussi l'avaient été leurs glorieux fondateurs, il faut avouer, l'histoire en mains, que cet heureux état ne fut pas de longue durée. Ainsi, du vivant de saint Benoît lui-même, il existait déjà des moines non-seulement fort relâchés, ayant perdu l'esprit de leur vocation, mais devenus de vrais criminels ne reculant point devant l'assassinat par le poison. Saint Grégoire-le-Grand, historien du grand patriarche des moines occidentaux, raconte en effet que saint Benoît, ayant été choisi comme Abbé par la communauté de Vicovaro, plusieurs de ces moines, habitués au libertinage et ne pouvant se résoudre à vivre en suivant les conseils de leur Abbé, prirent le parti de s'en

défaire en lui servant un breuvage empoisonné.
Mais le saint homme ayant béni la boisson de la
mort, le verre éclata, dit l'historien, parce qu'il
ne put supporter la vertu prodigieuse du signe de
la vie. Le digne Abbé se contenta de faire à ces
moines scélérats une remontrance paternelle, et
les abandonna tout aussitôt pour aller retrouver
sa première solitude.

Un prêtre infâme, appelé Florent, dont la réputation de Benoît gênait et condamnait les vices,
ayant longtemps poursuivi le Saint par la calomnie, et voyant ses efforts pour l'éloigner de la
contrée absolument perdus, eut recours au moyen
le plus abominable et que pouvait seul imaginer
le cœur le plus pervers. C'est toujours le pape
saint Grégoire-le-Grand qui nous l'apprend. Ce
prêtre immoral et jaloux en vint jusqu'à faire
introduire au jardin, et sous les fenêtres du monastère habité par Benoît, sept jeunes filles dans
un état de nudité complète, afin que, se jouant et
dansant d'une façon lascive, elles portassent les
jeunes religieux à la luxure. Alors le Saint,
voyant le danger couru par ses disciples, quitta
définitivement les Apennins et son bien-aimé dé-
sert de Subiaco, déjà peuplé de douze monastères,
pour se retirer dans la Campanie où, sur la fron-
tière des Abruzzes et de la terre de Labour, il
convertit en église un vieux temple d'Apollon et
fonda dans son bois sacré, près de ladite église,
un *cœnobium* qui devint plus tard la célèbre
abbaye du Mont-Cassin, maison-mère ou chef-
lieu de tout l'Ordre des bénédictins et tombeau
de leur grand fondateur.

Après avoir rapporté ces deux incidents de perversité monacale et sacerdotale, arrivés dès l'origine et contre un fondateur d'Ordre aussi vertueux que le fut Benoît de Nurcie, il nous faut suivre à présent l'esprit monastique à travers les àges, en parcourant rapidement les treize siècles et plus qui nous séparent aujourd'hui du berceau de l'Ordre à la fois le plus célèbre et le plus universellement répandu dans tout l'Occident.

Nous avons, au dernier alinéa de notre premier paragraphe, exprimé que les évêques, en retour de services rendus par les moines, leur avaient donné des emplois considérables. Mais la vanité des moines s'en accrut alors au point de se rendre insupportables à tout le monde, et principalement aux évêques, sans la permission desquels ils se mêlaient de tout.

Dans le concile de Chalcédoine, on se vit contraint de porter un décret pour les soumettre au pouvoir épiscopal, tant au spirituel qu'au temporel.

Nous avons dit également, sur la fin du paragraphe premier, quelle fut chez les moines la première origine des Eglises administrées d'abord par un prêtre séculier, puis, bientôt, par un des leurs, de l'agrément de leur évêque.

Or, les premiers moines n'étant pas clercs ne pouvaient légitimement vivre de l'autel ; par conséquent ils n'étaient pas appelés à jouir des revenus ecclésiastiques. Néanmoins le contraire est arrivé. La plupart des clercs ont été dépouillés des biens dont ils jouissaient, lesquels passaient aux moines. Ces derniers, en s'adonnant à la prière, attiraient les aumônes du riche.

Aussitôt que les moines eurent des églises, les

aumônes décuplèrent en leur faveur. On quitta la paroisse et l'on ne fréquenta plus que l'église abbatiale.

Il se rencontra des religieux qui voulurent avoir des fonts baptismaux. Les évêques ne le permirent point et ne les autorisèrent, dans l'administration des sacrements, qu'envers les membres de leur monastère, et tentèrent de les ramener à leur institution primitive en leur interdisant d'avoir des prêtres chez eux.

Mais saint Grégoire-le-Grand, moine avant d'être pape, écrivit, en cette qualité dernière, à certain évêque afin qu'il les autorisât à célébrer dans leur monastère. Et de là vient l'origine des messes privées, devenues pour les moines une source de richesses accumulées durant douze siècles.

En répandant parmi les fidèles, comme ils eurent soin de le faire avec ardeur, l'enseignement que les prières, et surtout la messe, étaient fort utiles aux morts, les moines comprirent l'avantage éminent d'avoir chez eux des prêtres pour attirer les charités du peuple. Or, de la sorte, ils acquirent de très grands biens. Ils firent ériger des chapelles et multiplier les autels afin de célébrer plusieurs messes à la fois, tandis qu'anciennement, comme cela s'observe encore aujourd'hui dans l'Eglise orientale, on ne pouvait célébrer qu'une messe où tout le monde assistait. Dans l'origine, il était inouï que plusieurs prêtres eussent, le même jour, célébré sur le même autel.

L'avidité monacale, — elle fut imitée aussi par le clergé séculier, — devint plus rapace encore.

Il arriva que, pour augmenter les recettes pé-
cuniaires, des moines et des clercs dirent chacun
plusieurs messes le même jour. Ils allèrent jusqu'à sept messes pour jouir de sept rétributions.

Le concile de Herbipolis, tenu l'an 1287 sous la
présidence de Jean, légat du Saint-Siège, évêque
de Tusculum, rappelant et blâmant cet abus, dé-
fend, sous peine grave à la discrétion de l'évêque,
aux moines et clercs de célébrer désormais chacun
plus d'une messe en un seul jour, sinon pour raison majeure d'utilité publique.

Après l'historique impartial que nous venons
d'esquisser si rapidement, nous allons pouvoir
apprécier les moines d'après leur plus chaud panégyriste moderne.

On lit donc dans l'*Introduction* des *Moines
d'Occident*, page VIII, ces lignes qui, du moins,
établissent la haute admiration de M. le comte de
Montalembert et sa tendresse ineffable à l'égard
des moines anciens et modernes :

« Partout proscrits ou déshonorés dans le XVIIIᵉ
» siècles, les Ordres religieux se sont partout re-
» levés au XIXᵉ..... On a eu beau les dépouiller et
» les proscrire ; on les a vus partout revenir,
» quelquefois sous des dehors et des noms nou-
» veaux, mais toujours avec leur ancien esprit.
» Ils ne réclament ni ne regrettent rien de leur
» antique grandeur. Ils se bornent à vivre, à pré-
» cher par la parole et par l'exemple, sans ri-
» chesses, etc. »

Cela serait beau, si c'était vrai. Pour nous,
témoin des hauts faits de Dom Guéranger, restau-
rateur et supérieur général de l'Ordre bénédictin
en France, Abbé mitré de Solesmes, ainsi que des

moines ses complices, nous nous inscrivons en faux contre de telles assertions. Elles sont confirmées, il est vrai, par Pie IX, en son bref du 31 juillet 1852 au cardinal Gousset, archevêque de Reims, disant : « Nous ne pouvons ignorer com-
» ment les religieux de Solesmes ont à cœur de
» suivre les traces glorieuses de leurs Pères et
» d'imiter leurs exemples...; avec quel discerne-
» ment ils s'appliquent à défendre la doctrine
» catholique, etc. » Les assertions susdites sont également confirmées par ces autres paroles d'une encyclique fameuse du même pape, en date du 7 juin 1847, qui, rappelant les devoirs et les droits des Ordres monastiques, reconnaît en eux
« ces phalanges d'élite de l'armée du Christ qui
» toujours ont été le boulevard et l'ornement
» de la république chrétienne comme de la société
» civile. »

Ce qui frappe en M. de Montalembert c'est que, deux pages auparavant, il avait émis ce principe :
« Il y a pour tout chrétien une beauté supérieure
» à l'art, celle de la vérité. »

Mais, dirons-nous à notre tour, la vérité consisterait-elle : 1° à se conformer en tout à l'autorité, de manière à tenir pour certainement vrai tout ce qu'il a pu plaire à Pie IX d'affirmer? Ce serait contraire au principe évidemment exact de l'éminent philosophe chrétien Malebranche, osant dire expressément que « *la vérité n'est pas la fille*
» *de l'autorité, mais du temps.* VERITAS FILIA TEM-
» PORIS, NON AUCTORITATIS. » Ce serait contraire également au grand philosophe Descartes, non moins chrétien que Malbranche et disant : « C'est
» une chose indigne que de se rendre partisan

» d'une secte quelconque et d'en regarder les au-
» teurs comme infaillibles. » Il veut « qu'on n'a-
» jouté point foi du tout à ce qu'il écrit et qu'on
» n'en reçoive absolument que ce que la force ou
» l'évidence de la raison pourra contraindre d'en
» croire. » Ainsi, voilà des chrétiens, éminents
philosophes, sapant toute humaine autorité que
l'on voudrait tenir comme un fondement du vrai.

Là vérité consisterait-elle : 2° à se contredire à
tout propos, comme le fait M. de Montalembert ?

Jugez, lecteurs. Voici ce qu'il écrit, page CXCVII
de sa même INTRODUCTION : « De toutes les insti-
» tutions humaines que les révolutions ont as-
» saillies ou renversées, il est resté toujours quel-
» que chose. La monarchie, quoique amoindrie et
» ébranlée, a montré qu'elle pouvait reprendre
» son ascendant. La noblesse, quoique annulée et
» dégradée partout, excepté en Angleterre, sub-
» siste encore au milieu de nous. La richesse in-
» dustrielle et mercantile n'a jamais été plus
» puissante. Seuls, les anciens Ordres monastiques
» ont été condamnés à périr sans retour. »

SANS RETOUR ? Vous comprenez, lecteurs ! Or, il
nous a dit, page VIII, que ces mêmes Ordres se
sont PARTOUT relevés au XIX⁰ siècle, et TOUJOURS
avec leur ancien esprit ! Est-ce ainsi que, pour
exalter le monachisme, on est forcé de se contredire ? Est-ce ainsi que son plus zélé panégyriste a
reconnu pour tout chrétien une beauté supérieure
à l'art, celle de la vérité ?

Pour montrer que Pie IX a commis une erreur
acceptée avec tant de bonne foi par le panégyriste

monacal, en affirmant que « les Ordres religieux
» ont TOUJOURS été le boulevard et l'ornement de
» la république chrétienne comme de la société
» civile, ainsi que les phalanges d'élite de l'armée
». du Christ, » il suffit de demander si le Christ, si
les apôtres, si les évêques de la primitive Eglise,
ou de l'époque la plus fervente de la république
chrétienne, ont possédé les Ordres religieux comme
phalange d'élite, ornement ou boulevard? Le pré-
tendre est contraire à la vérité de l'histoire, et le
nier c'est avouer que les Ordres monastiques n'ont
pas TOUJOURS été ce qu'a dit le premier *infaillible*
et ce qu'a si naïvement, après lui, répété l'auteur
des *Moines d'Occident.*

D'ailleurs, celui-ci reconnaît, en maints endroits
de son travail, que les Ordres se sont relâchés de
leur ferveur première et livrés même à de honteux désordres. Etaient-ils bien, dans ce temps-là,
« *le boulevard et l'ornement de la république chré-*
» *tienne comme de la société civile?* » Ah! s'ils
eussent TOUJOURS soumis au Christ les sociétés
dont Pie IX les a dit avoir été *le boulevard et l'or-*
nement, ces sociétés, à coup sûr, ne les auraient
pas, tout écœurées, vomis de leur sein! Non, non,
ce n'est point au temps, d'ailleurs si court, de
leurs vertus chrétiennes et civiles, que les moines
ont été dispersés par les gouvernements. M. de
Montalembert en fait expressément l'aveu lui-
même en disant, page CLXXVIII, ces paroles mé-
morables :

« Quand un Ordre religieux devient inférieur,
» par la vertu et par la foi, au reste du clergé, *il*
» *perd sa raison d'être et signe d'avance son arrêt*
» *de mort.* » Ce n'est plus, pour parler comme

Bossuet, « *qu'un cadavre spirituel* et le *tombeau*
» *vivant* de lui-même. »

A la page cxxi, il avait écrit : « Les diatribes
» qu'une coupable complaisance pour les préjugés
» victorieux arrache à des plumes trop célèbres
» sont commentées et aggravées par ces voix in-
» connues qui mugissent dans l'ombre et viennent
» grossir les échos du mensonge et de la haine.
» Tandis que l'un dénonce à ses cent mille lec-
» teurs *les aberrations et les ignorances béatifiées*
» *de l'ascétisme monacal* (1), d'autres répètent à
» l'envi que *les moines et les nonnes ne sont que*
» *des fainéants engraissés aux dépens du peuple* (2),
» et cela se dit et se redit tous les jours, au mé-
» pris de tant de monuments anciens et nouveaux
» de la science historique, qui constate irréfu-
» tablement que les peuples se sont, en général,
» engraissés aux dépens des moines. Ces lieux
» communs de l'iniquité ignorante et triomphante
» sont passés en *chose jugée* dans l'esprit de la
» foule. »

Que penser d'un auteur qualifiant de *diatribes*
le langage de M. de Lamartine, en réalité si mi-
tigé quand on le compare au sien propre ? En tout
cas, M. de Montalembert se montre bien *l'enfant*
terrible alors qu'il nous dénonce, à la page 162,
les écrivains de son parti mutilant pitoyablement
l'histoire, et les catholiques comme autant d'es-

(1) M. de Lamartine, *Histoire de la Restauration*,
livre xv, § 8.

(2) Le *Semeur*, journal politique et littéraire, 13
octobre 1847.

prits timides craignant de faire aussi connaître exactement la vérité. C'est ainsi qu'il dit :

« Je méprise ces pitoyables mutilations de l'his-
» toire dictées par une fausse et impuissante pru-
» dence, et qui ont fait peut-être autant de tort à
» la bonne cause que les falsifications honteuses
» de nos adversaires. Quand je les rencontre dans
» les livres de certains apologistes, il me semble
» entendre la redoutable interrogation du pa-
» triarche : « Croyez-vous que Dieu a besoin de
» vos mensonges et que vous plaidiez pour lui par
» la ruse ? »

» Quelques esprits timides me blâmeront, je le
» sais; mais je leur préfère l'autorité de saint
» Grégoire-le-Grand, non moins grand comme
» moine que comme pape, qui a écrit : Mieux
» vaut le scandale que le mensonge. »

Qu'est-ce aussi que cette *iniquité ignorante*? Est-il certain, est-il bien vrai que « *les peuples se*
» *sont, en général, engraissés aux dépens des*
» *moines*? » Les richesses de ces derniers leur sont-elles donc tombées du ciel en pluie d'or? Ne leur venaient-elles pas du peuple, au contraire? Ecoutez M. de Montalembert lui-même; il va nous le dire à la page CXXXVII : « Mais, ce qui légitime
» surtout la fortune, c'est son origine. Or, on peut
» l'affirmer sans crainte : jamais propriété n'eut
» une origine aussi légitime, aussi sainte, aussi
» inviolable que la propriété monastique. Elle
» provenait tout entière de la générosité des fi-
» dèles, fructifiée par le travail des moines. C'est
» la seule, prise en masse, qui ait eu pour origine
» l'acte le plus noble de l'homme : le don, le pur

» et noble don de l'amour, de la reconnaissance
» ou de la foi. »

Voilà donc son amour de *la beauté supérieure à
l'art,* son amour de *la vérité*!

D'après lui, la propriété monastique est venue
entièrement de la générosité des fidèles, et, toujours d'après lui, *les peuples se sont, en général,
engraissés aux dépens des moines*!

Pour quels lecteurs a-t-il donc écrit?

Après de virulentes déclamations contre les exé-
cuteurs de la justice divine, il s'écrie :

« Quel ignominieux contraste entre ces races
» anciennes qui ne pensaient qu'à édifier, à en-
» richir, à conserver, et ces générations pré-
» sentes qui ne savent que renverser, détruire
» et confisquer; entre ces pères qui toujours don-
» naient, et ces fils qui volent les aumônes de
» leurs pères! »

Pour répondre à M. de Montalembert, nous lui
poserons un dilemme. Il sera, croyons-nous, assez
péremptoire. Ainsi, nous lui disons : les races
anciennes avaient-elles donné leurs biens aux
moines pour les faire vivre dans le désordre, ou
les leur avaient-elles donnés, au contraire, uniquement pour favoriser chez eux la pratique des
vertus les plus sublimes et de la prière ardente
pour leurs bienfaiteurs et pour tout le genre
humain?

Dans le premier cas, la donation était évidemment nulle en tant qu'immorale, et les fils, en
reprenant ces biens, ne faisaient que rentrer dans
leurs propres droits et réparer les torts de leurs
pères.

Dans le second cas, en menant une vie irrégu-

lière et désordonnée, au lieu de la vie édifiante
et sainte pour la facilité de laquelle ils avaient
reçu ces biens, les moines fraudaient les inten-
tions des donateurs, devenaient par conséquent
des détenteurs injustes, et les fils n'ont fait que
respecter les volontés de leurs pères, profanées et
méprisées par ces moines infidèles à leur vocation
primitive.

Notre auteur continue ainsi :

« Le fils de Marie-Thérèse avait supprimé, dans
» ses Etats, cent vingt-quatre monastères et con-
» fisqué leurs biens, évalués à plus de deux cent
» millions de florins. »

Le florin d'Autriche étant de 2 fr. 50, voilà donc
plus de cinq cent millions de francs reconnus aux
cent vingt-quatre monastères supprimés! Cela fait
au-delà de quatre millions pour chacun d'eux. Or,
l'argent, depuis, ayant perdu le triple, ou le quadruple de sa valeur, les quatre millions d'alors
représenteraient de douze à seize millions d'aujourd'hui : ce qui produirait de six à huit cent
mille francs d'intérêt annuel au taux de cinq pour
cent. Mais la propriété monastique, étant cultivée
en général par les Frères convers ou servants,
rapporterait bien le dix ou tout au moins le huit
pour cent. De la sorte, on peut évaluer au chiffre
rond d'un million les revenus annuels que possé-
derait de nos jours chaque monastère en question.
S'il renfermait une vingtaine de religieux de
chœur, ce serait donc une cinquantaine de mille
francs de rente en faveur de chacune de ces
saintes victimes de la pauvreté monastique ou de
l'abnégation de toutes les douceurs de la vie. Or,
au lieu de blâmer sévèrement, comme ils le

méritent, les moines, contempteurs éhontés des recommandations et des exemples du Christ : « *Ne possédez ni or, ni argent,* etc., ». M. de Montalembert n'a de sévérité qu'envers le prince équitable et chrétien réduisant ces moines scandaleux à la profession de l'Evangile. On est à se demander s'il croyait bien lui-même à l'Evangile. En tous cas, ses *Moines d'Occident* n'en sont pas la preuve.

Il s'écrie, à la page CCXXVII :

- « Par quel délire pourrait-on expliquer la re-
» naissance de la persécution et de la prohibition
» contre les germes renaissants, mais si rares et
» si faibles encore de la vie claustrale ? Contre les
» seuls hommes qui soient, dans notre société,
» contents de leur sort ; qui ne veulent user de
» leur liberté que pour abdiquer toute ambition,
» tout lucre, et qui recherchent, comme le comble
» de leurs désirs, l'abstinence, la mortification et
» la pauvreté volontaire, alors que tout autour
» d'eux retentit de la glorification de la chair et
» de l'or ? »

Eh quoi ! Les moines modernes abdiquent toute ambition, tout lucre ? Et la pauvreté volontaire est le comble de leurs désirs ? Mais vous rêvez, Monsieur de Montalembert ! Vous prenez le devoir réel pour la pratique imaginaire et qui n'existe, hélas ! nulle part ! Nous allons voir bientôt que votre affirmation si formelle est absolument contraire à la vérité. Nous annonçons d'avance à nos lecteurs que nous vous donnons ici le plus éclatant démenti.

§ III

Origine des biens monastiques.

Tandis que Montalembert assigne aux biens des moines l'origine à la fois la plus légitime et la plus sainte, et, par conséquent, la plus inviolable, il nous incombe, à nous qui connaissons de nos propres yeux ce qui se passe encore aujourd'hui dans la plupart des Ordres monastiques, de rétablir les faits en indiquant ici la véritable origine des possessions colossales des anciens moines et de celles qu'amassaient si rapidement de nos jours les Ordres relevés avec « *leur ancien esprit.* »

Voici donc, non pas *tous* les moyens, mais les *principaux* seulement, employés par les moines pour s'enrichir.

1° L'un d'eux consista dans les donations des particuliers. Les enfants faisaient des libéralités aux moines pour le repos de l'âme de leurs père et mère, et ceux-ci pour leurs enfants, comme aussi l'époux pour l'épouse, et *vice-versâ.*

2° L'un des plus importants moyens consista dans les donations de ceux qui se vouaient au cloître. On voit, dans le Cartulaire de l'abbaye de Casaure, située dans les Abruzzes, la formule usitée en pareil cas : « Moi, N..., fils de N..., en
» telle année de l'empereur N... et du comte N...,
» offre et donne de ma propre volonté, cejour-
» d'hui, ma personne et tous les biens que je pos-
» sède en tels lieux, à tel monastère, où je veux
» vivre le reste de mes jours. » Pour lui donner plus de solennité, cette donation se faisait dans l'église et sur l'autel même.

3° Quand un religieux héritait de ses parents, il disposait de son héritage en faveur du monastère. Or, le plus ancien des Ordres, celui de saint Benoît, eût, par là, d'innombrables moyens d'accaparer des richesses immenses durant les douze siècles de son existence. Avec ses 30,000 monastères qui, chaque siècle, acceptaient bien chacun cent moines, ce qui ferait trois millions par siècle et trente millions au petit pied jusqu'à nos jours, il pouvait s'emparer de la presque totalité des immeubles de l'univers et réduire à l'état de serfs les laïcs qui ne se destinaient pas au cloître!

4°. Un autre moyen fut l'offrande des enfants aux monastères. Ce procédé si lucratif fut en usage fort longtemps, depuis saint Benoît jusqu'au pape Célestin II qui le modéra, sans toutefois l'abroger, en 1195, après cinq siècles et demi de durée, et plus encore. Equitius et Tertullus, grands personnages de Rome, en offrant leurs enfants : Maur, âgé de douze ans, et Placide, âgé de sept ans, à saint Benoît lui-même, enrichirent ses monastères par le don de grandes propriétés foncières.

5° Un autre moyen se rencontra dans la faculté que cet Ordre accordait aux plus parfaits de ses membres de quitter, de l'agrément de l'Abbé, l'intérieur du monastère, afin de vivre en anachorètes dans le voisinage. Une pareille distinction, que relevait le simulacre assez spécieux d'une liberté recouvrée, au moins sous certains rapports, ne put que produire un grand nombre d'hypocrites et d'illuminés. Mais, jouissant ostensiblement de la confiance et de l'amitié de leur Abbé, ces anachorètes furent estimés plus saints que les autres

moines dans l'esprit des grands et du peuple.
Aussi recevaient-ils beaucoup de donations en
fonds de terre ou d'une autre manière, et, avant
de mourir, ils donnaient tout au *cœnobium* qu'ils
avaient quitté.

6° L'un des moyens les plus lucratifs pour les
moines fut de persuader aux gens simples de quitter le monde, afin de mieux assurer leur salut. De
la sorte, ils s'emparaient de leurs biens au détriment des héritiers.

Dans le Capitulaire de Charlemagne, en date de
811, ce prince, on le sait, grand bienfaiteur des
moines et de tous les gens d'Eglise, ayant voulu
cependant réformer des abus, s'exprime ainsi qu'il
suit : « Il faut demander aux moines si c'est avoir
» renoncé réellement au monde que d'augmenter
» chaque jour ses biens par toutes sortes d'arti-
» fices, en promettant le paradis et menaçant de
» l'enfer, en se servant du nom de Dieu même ou
» de quelques Saints pour dépouiller le riche et le
» pauvre, en abusant de leur ignorance et de
» leur simplicité pour priver de leurs biens les
» héritiers légitimes, etc., etc.? »

En 813, le concile de Châlons ordonne que les
évêques et les Abbés qui, par avarice et pour faire
un gain sordide, auront engagé dans la cléricature
ou dans le cloître des personnes simples dont ils
auraient abusé, soient soumis à la pénitence canonique ou régulière, et que les biens de ces personnes ainsi séduites seront *rendus* à leurs héritiers. Mais nombre d'évêques et d'Abbés cupides
ont toujours éludé ces lois si sages.

7° Un moyen que les moines employaient pour
s'agrandir et se développer, ce fut d'insinuer aux

riches que la fondation d'un monastère et sa do-
tation convenable effaçaient tous les péchés. Sen-
tant que les richesses seraient le fruit de leurs
supercheries, ils ont constamment insinué cette
crédulité dans les esprits. Au lieu d'enseigner le
vrai christianisme aux princes et au peuple, ils
les rassuraient dans le crime en leur persuadant
que fonder de nouveaux monastères, donner aux
moines de vastes domaines, les exempter d'impôts, leur accorder de grandes prérogatives, dé-
chargeait la conscience absolument de tout crime
et délivrait ainsi de tout remords.

Saint Eloi dit un jour à Dagobert : « Donnez-
moi la terre de Solignac, mon prince, afin d'en
faire une échelle au moyen de laquelle vous et
moi monterons au ciel. » Dagobert n'hésita point
à donner l'échelle, en fondant un grand monastère
où saint Eloi mit cent cinquante moines.

« Les grands, dit l'abbé Velly, s'empressaient à
» l'envi de mériter le titre de fondateurs. Ils
» pillaient les biens de la veuve et de l'orphelin
» pour avoir la gloire de fonder une abbaye.
» Les moines intéressés fomentaient ces abus et
» s'oubliaient jusqu'à mettre au nombre des Saints
» ceux qui les enrichissaient de pareils brigan-
» dages. »

Quantité de seigneurs, chargés de forfaits et
superstitieux, au lieu de réparer leurs iniquités
en dédommageant leurs victimes ou les ayant-
droit, abandonnaient leurs biens aux moines, per-
suadés par ceux-ci que c'était l'unique moyen
d'opérer sûrement leur salut.

8° Un huitième moyen de s'enrichir fut la flatterie envers les princes, les souverains et grands

seigneurs dans le ressort desquels ils se trouvaient. Par la flatterie, ils obtenaient de leur souverain respectif des franchises, privilèges, immunités, exemptions sans nombre. Et cela leur amena des richesses colossales. En effet, beaucoup de riches criminels, ayant dû la conservation de leur vie ou de leur liberté simple à l'usage du droit d'asile accordé par un prince aux abbayes, leur laissaient des terres ou de fortes sommes en reconnaissance.

9° Un moyen pareil fut celui des *éloges*. Les moines savaient gagner l'affection des familles opulentes en leur prodiguant publiquement la louange. Or, ils s'attiraient par là des libéralités inouïes.

10°. Dans le même but, ils employèrent les moyens contraires : la *menace* et l'*anathème*, à l'adresse de quiconque attentait à leurs biens ou privilèges. Se posant, de la sorte, en victimes de prétendus impies, ils faisaient redoubler et tripler en leur faveur la générosité de leurs adhérents.

11° La *bonne* ou la *mauvaise réputation* qu'ils savaient faire aux rois, aux seigneurs, aux familles opulentes, suivant la façon dont ils s'en croyaient traités, leur était une source également de richesses. Les grands achetaient à prix d'argent, auprès des moines, la bonne renommée qui très-souvent leur manquait. Voici, de ce double fait, un exemple assez curieux.

Le roi Clovis II, durant une grande famine arrivée en 657, fit, pour en nourrir les pauvres, enlever du tombeau de Saint-Denis et vendre à leur profit les lames d'or et d'argent dont il était couvert. Les moines bénédictins, gardiens de ces

tombeaux, qualifièrent Clovis, pour ce fait, « de
» débauché, d'ivrogne, de brutal et sans cœur,
» n'ayant pas fait, dans sa vie, une seule action
» d'homme de bien. » Peu de temps après, ces
mêmes religieux, en dédommagement de cet or
superflu, recevant du même prince une exemption de toute juridiction, l'appelèrent alors « un
» grand roi, sage, équitable, vaillant, brave et
» plein de religion, enfin très-agréable à Dieu. »
Nous verrons que les bénédictins modernes, douze
siècles après, sont remplis du même esprit.

12° L'établissement des dîmes fut, pour les
moines et les clercs, un autre moyen de s'enrichir. Elles occasionnèrent de grandes querelles
entre les évêques et les moines. Le sang coula.
Seguin, archevêque de Sens, vénérable et par son
âge et par ses vertus, reçut d'un moine un coup de
hache entre les épaules. Les évêques, n'étant pas
les plus forts dans cette édifiante mêlée, en furent
réduits à se sauver comme ils purent, laissant les
dîmes aux moines.

13° Ils en vinrent même aux violentes usurpa-
tions. Les Abbés, étant devenus généralement seigneurs de leur localité, réunissaient leurs vas-
seaux, soldaient les troupes et faisaient la guerre
à leurs voisins pour les dépouiller.

14° Les fausses chartes, les titres faux devin-
rent aussi l'un de leurs expédients pour s'enrichir. Leur nombre est trop grand pour en faire
ici l'énumération, même abrégée.

15° Les moines exigèrent des donations dites du
Rachat des péchés. Sans les bornes étroites de cet
opuscule, il nous serait aisé de citer ici les faits
les plus curieux.

16° Vers l'an mil, les moines exploitèrent habilement la *croyance populaire à la Fin du monde,* en se faisant adjuger les biens des fidèles. Grand nombre de chartes en faveur des abbayes commencent par ces mots : « *Appropinquante mundi* » *termino.* » (La fin du monde approchant.)

17° Ils profitèrent aussi des *Croisades.* En retour de promesses spirituelles faites aux croisés, ceux-ci livraient aux moines leurs terres à vil prix pour fournir aux frais de l'expédition, et les moines s'enrichissaient au détriment des laïcs allant verser leur sang pour la délivrance des Lieux Saints.

18° La *Sépulture au sein de l'église abbatiale* était une mine abondante aussi pour les moines. Le riche obtenait ce privilége en léguant son bien en tout ou en partie, afin d'avoir, pour son cadavre, un tombeau plus ou moins rapproché de l'autel. Un mausolée artistique, en pierre blanche et du XVI° siècle, incrusté dans un gros mur du sanctuaire, à côté du maître-autel, fut trouvé dans l'église de Hadigny (Moselle) en 1843, lors d'une importante réparation faite en cette église. Or, un comte des Pilliers, armé en chevalier, est couché sur ledit mausolée. En 1851, le jour de Noël, nous célébrâmes nos trois messes dans ladite église, et le curé de Hadigny nous affirma que c'était en sa qualité de fondateur de l'église que notre ancêtre avait eu, là, sa sépulture et son mausolée admirable. En tout cas, l'affirmation de ce prêtre est en rapport avec ce qu'écrit le bénédictin Dom Pelletier, qui consacre à notre famille, ou mieux à sa généalogie, en son ouvrage : *Armorial de la Lorraine,* plusieurs pages *in-folio.* Cet

auteur dit que les actes publics montrent constamment la famille des Pilliers comme étant la
providence du pauvre et le soutien de la religion.
dans toute la contrée.

Si les habitants de Hadigny se firent honneur
d'élever eux-mêmes ce mausolée au bienfaiteur ou
fondateur de leur église, ils sont louables pour cet
acte de reconnaissance. Au contraire, au cas où
notre ancêtre aurait *acheté* ce droit d'être enterré
dans l'église, auprès de l'autel, et sous un riche
mausolée artistique, nous ne pouvons que blâmer
une aussi sotte vanité.

19° La *Croyance aux revenants* fut pour les
moines une source extrêmement féconde de richesses. Ils faisaient accroire aux populations
que ces revenants étaient des âmes du purgatoire
implorant des messes dites par des religieux, ou
venant informer leurs parents vivants que les
prières des moines les avaient enfin délivrées des
flammes.

20° Les *Autels privilégiés par le pape*, et déli-
vrant du purgatoire une âme à chaque messe,
amenèrent aux moines des sommes prodigieuses.

21° Ils exercèrent pendant quatre siècles les
professions d'*Avocat* et de *Médecin*. Pourrait-on
calculer les monceaux d'argent que ces professions leur attirèrent dans ce laps de temps?

22° La diffusion de *Faux Miracles* leur fut une
autre source d'argent et d'or. A Milan, on nous
montrait, en 1865, dans une église, une madone
ayant le don de verser des pleurs abondants
quand, pressés de donner de l'argent pour tel ou
tel projet conçu par le prédicateur, moine ou séculier, les fidèles ne répondaient pas assez géné-

reusement au chaleureux appel. L'on finit par
découvrir la supercherie et l'on en punit exem-
plairement les auteurs. Le sacristain de l'église
avait soin de faire, au fourneau caché dans un
coin secret de la sacristie, bouillir de l'eau quand
le prédicateur montait en chaire. Or, si les quêteurs, désignés pour recevoir les aumônes des
fidèles durant la suspension du sermon, ne rapportaient pas la somme indiquée au sacristain par
le prédicateur, le premier tournait un robinet
pour que la vapeur montât, par un tuyau souter-
rain, dans le creux de la statue et s'en échappât
ostensiblement par les yeux. D'où le prédicateur,
averti par un signal convenu d'avance entre le
sacristain et lui, reprochait à ses auditeurs leur
ladrerie, et leur demandait s'ils ne voulaient
pas arrêter les larmes de leur bonne Mère en se
montrant plus généreux? Les fidèles attendris
mettaient alors leur bourse à sec. Des milliers de
pareils miracles eurent lieu partout.

23° L'horrible *Inquisition*, qu'ils osèrent qualifier de *très sainte*, attira de grands biens aux religieux, spécialement aux dominicains. Sous prétexte de soutenir l'Eglise en défendant ses dogmes,
ils brûlaient ceux qu'ils déclaraient herétiques,
puis ils confisquaient leurs biens. Que de millions
entassés de la sorte !

24° La *Confession auriculaire*, instituée en 1215
par le IVᵉ concile de Latran, fournit de même un
aliment universel et perpétuel à l'avidité monastique. Impossible ici d'apprécier tant soit peu les
sommes fabuleuses que le confessionnal amena
dans le clergé, mais surtout chez les moines.

Nous voulons nous borner à citer ces vingt-quatre moyens *principaux* qu'employèrent les moines de tous Ordres pour s'enrichir, à dater du jour de leur berceau jusqu'à celui de leur suppression légale à la fin du dernier siècle. Ainsi, l'on ne s'étonnera plus qu'ils aient acquis des possessions colossales.

Passons donc maintenant aux moines modernes.

Nous commençons à dire hardiment, avec M. de Montalembert, que les moines se sont partout relevés au XIXᵉ siècle, avec *leur ancien esprit*. Mais, par *ancien esprit*, nous entendons leur esprit d'accaparement par tous les moyens à leur disposition, leur esprit de lucre et d'avidité, leur esprit d'hypocrisie et de fanatisme, enfin, leur esprit de superbe et de domination si contraire en tout à l'esprit de l'Evangile.

Examinons leurs moyens *principaux* d'accumuler les richesses.

Pour ce qui regarde le fameux Ordre de saint Benoît, en France, il nous sera facile, à nous qui les avons vus de nos yeux, palpés de nos mains, entendus de nos oreilles, de citer quelques-uns de ces moyens. Nous nous bornerons à douze, afin de ne pas allonger démesurément la matière. Ils suffiront, d'ailleurs, à faire apprécier les paroles de Pie IX au cardinal Gousset : « Nous ne pouvons » ignorer comment les religieux de Solesmes ont » à cœur de suivre les traces glorieuses de leurs » Pères et d'imiter leurs exemples. »

1° Le premier moyen d'enrichir Solesmes était d'obtenir de chaque postulant une *pension annuelle et viagère* au minimum de cinq cents francs, ou mieux *son capital, dix mille francs*, si le postulant était indépendant de sa famille. Au lieu de ce minimum, le postulant riche apportait un surplus qui n'était jamais trouvé trop grand.

2° Les *honoraires* de messes (40 fr. par jour pour 40 religieux prêtres) amenaient annuellement de quatorze à quinze mille francs à l'abbaye.

3° Le *Pèlerinage à Notre-Dame-du-Chêne*, à une lieue environ de Solesmes, où les honoraires des messes sont à trois francs, amenaient une dizaine de francs de surplus par jour, en moyenne, ou trois mille francs par an.

4° Les *Quêtes*, en France et même à l'étranger, de plusieurs religieux en même temps, amenaient au monastère un joli denier chaque année. Nousmême et le Frère portier ne récoltions jamais moins de soixante francs par jour, en moyenne ; or ce résultat quotidien ne laissait pas que de produire annuellement, pour deux quêteurs, au delà de vingt mille francs, et, pour quatre, au delà de quarante mille.

5° La *Boutique* du Frère portier, consistant surtout en chapelets, médailles, scapulaires, cordons de tous Ordres et de toutes vertus, images, statuettes, croix, cœurs, ancres, médaillons, reliquaires, livres de dévotion, etc., etc., boutique admirablement située à l'entrée de l'église, était visitée annuellement par plus de cinquante mille dévôts ou curieux voulant emporter de leur pèlerinage, ou promenade, un souvenir pieux, quelque objet artistique. Or, pour déterminer l'acquisition, à prix d'ailleurs très élevé, de ces statuettes de tous genres, en plâtre, il avait soin, le Frère assez *futé*, comme le qualifiait notre Abbé, d'affirmer qu'elles étaient l'œuvre de quelques-uns de nos Pères. Quant aux objets dits *de piété*, jamais il n'oubliait de les déclarer indulgenciés, ou bénis par notre Révérendissime supérieur-général, lequel avait, en personne, obtenu ses pouvoirs de notre Très Saint-Père le pape, l'immortel Pie IX. Les riches achetaient les objets d'argent ou de vermeil ; les moins fortunés prenaient les objets en cuivre. Dom Guéranger et le Frère portier nous ont affirmé que la boutique de Solesmes rapportait de beaux bénéfices annuels. (Voir à ce sujet le chapitre XXIX du tome I de nos *Bénédictins de la Congrégation de France*, intitulé : « Les Tirelires de Solesmes. »)

6° L'exhibition d'un *Corps saint,* dit saint Léonce, était pour Solesmes une tirelire avantageuse. On ne saurait, faute de place, en donner ici le détail si pittoresque. On peut le lire au chapitre XXIX que nous venons de citer.

7° *L'hospitalité* donnée aux hôtes rapportait passablement d'argent à Solesmes. Beaucoup de nobles et de riches faisaient volontiers une belle offrande pour un jour ou deux passés au monastère.

8° La simple *visite* au cloître, à l'église, à la bibliothèque, aux jardins des Pères et des Novices, amenait des étrennes.

9° Les *chaises de l'église,* assez chèrement louées dans les jours de grandes solennités, surtout lors des Professions solennelles produisaient un pécule appréciable.

10° Les *prédications* données par certains moines, soit le dimanche en diverses paroisses des environs, soit dans les cathédrales ou les églises des grandes villes durant le carême et l'avant, soit dans les séminaires pour les retraites ecclésiastiques, rapportaient de beaux deniers à l'abbaye.

11° Pour citer un moyen de battre monnaie à l'usage aussi d'autres Ordres, tels ceux de saint François et de saint Dominique, il nous faut dire ici que nous avons vu ces Ordres, à Rome, investis du droit d'accorder à des prêtres réguliers et séculiers des *diplômes* leur donnant, pour un temps fixé d'avance, (un, deux, trois, cinq années au maximum) la faculté de *brigiter* les chapelets de leur Ordre, ou d'indulgencier les médailles de leur fondateur, de bénir leurs cordons préservatifs de la virginité, de lever les censures, etc., etc. Or, ces diplômes que sollicitent passablement de prêtres d'importantes paroisses de l'univers entier, se paient au comptant et laissent un joli pécule aux Ordres autorisés à les délivrer.

12° Enfin, car nous voulons en finir, faute de place et non de matière, un douzième et très important moyen qu'ont les moines modernes de s'enrichir, et que leurs devanciers ont eu depuis l'an 1215, de par le IVᵉ concile de Latran qui l'institua, c'est la *Confession auriculaire*. On peut voir ce que nous en disons, page 94 de notre brochure ayant ce titre.

Notre ami, le R. P. Gloriot, supérieur des jésuites de Dôle (Jura) partit pour Dijon avec une somme de quinze cents francs destinée à payer trois mois de loyer d'une maison qu'il avait reçu la mission de convertir en maison de son Ordre. Or, moyennant la Confession auriculaire, il avait, moins d'une année après son entrée à Dijon, intégralement payé l'immeuble, et cela montait à cent quarante mille francs! Nous tenons le fait de sa bouche, et nous en connaissons cent autres pareils.. Est-ce que les grandes dames, baronnes, vicomtesses, comtesses, marquises et duchesses, souvent en froid, et pour cause, avec leurs maris, ont quelque chose à refuser au religieux confident de leurs pensées les plus intimes, consolateur pratique et chaleureux de leur délaissement cruel, à ce confesseur adoré, leur ange à la fois tutélaire et discret? Oh! que d'argent, que d'or, que de billets de banque, alors, passent du porte-monnaie embaumé de l'affectueuse et riche pénitente au pieux gousset du directeur aimé! Mais ce sont là des secrets que seuls connaissent les moines!

Voilà, nous le croyons, une réponse assez péremptoire à la fameuse assertion de M. de Montalembert : que l'origine des biens monastiques est la *plus légitime*, la *plus sainte*, la *plus inviolable*.

On voit, par ce que nous avons dit, que la plupart de ces biens ont été le fruit de moyens iniques, blessant la justice et la vérité. Conséquemment, leur origine est *illégitime, exécrable* et *réversible*. On peut dire aussi que la partie acquise avec des moyens honnêtes et moraux ayant été détournée, ou plus tôt ou plus tard, de sa destination première, alors toutes les propriétés monastiques sont devenues illégitimement possédées.

Nous ne disons tout ceci qu'en traitant les religieux comme de simples particuliers, des citoyens ordinaires, et non comme moines.

Mais, si nous les envisageons dans leur profession d'hommes consacrés à Dieu par le vœu de pauvreté (c'est bien sur ce terrain que l'on doit se placer vis-à-vis d'eux, puisqu'à ce titre seul ils exercent dans le monde une influence occulte et sollicitent les libéralités des fidèles) il en résulte qu'ils mentent à leur conscience et trompent le peuple alors que, se disant voués à la perfection du christianisme, ils ne renoncent pas à tous leurs biens en faveur des pauvres pour se faire, en réalité, pauvres eux-mêmes. Le Christ a-t-il donc dit : Si tu veux être parfait, réunis tes biens à ceux de tes amis pour vivre avec eux dans l'abondance et l'oisiveté, puis, ensemble, usez de tous moyens pour escamoter le bien des naïfs afin d'établir sur l'univers entier votre influence occulte et votre orgueilleuse domination ? Non, mais il a dit : « Si tu veux être parfait, va, *vends tes biens,* » *donne-les aux pauvres et suis-moi.* »

Donc les moines, envisagés comme *moines,* sont d'une impuissance absolument radicale à posséder aucun bien. Donc l'origine de leurs propriétés est *illégitime* aux yeux de tout chrétien. Donc, au lieu d'être *sainte,* elle est *exécrable* en tant que constituant un mépris formel de l'invitation du Christ à la perfection. Donc, loin d'être *inviolable,* elle est essentiellement *réversible.*

Oui, tous les gouvernements ont, non pas le simple *droit,* mais bien le *devoir* strict de faire au plus tôt restituer ces biens aux particuliers spoliés par la ruse et le mensonge, au cas où l'on connaîtrait ces particuliers ou leurs ayant-droit. Dans le cas contraire, il incombe aux gouvernements de s'emparer de ces biens mal acquis pour subvenir aux charges publiques, aux établissements de bienfaisance, à la diminution des impôts frappant les petits ; car il est juste, aux yeux de tous, que ce qui sort du peuple injustement retourne au peuple à titre de restitution.

§ IV

Chasteté claustrale, ancienne et moderne.

Forcé d'avouer l'inconduite et les nombreux désordres des moines, M. de Montalembert dit,
page CL :

« Je raconterai ces abus. Mais d'après qui ? D'a-
» près les moines eux-mêmes ; car, le plus sou-
» vent, c'est à eux seuls que nous en devons la
» connaissance ; c'est à leurs plaintes, à leurs ré-
» cits, aux chroniques de leurs maisons écrites
» par eux-mêmes avec une franchise et une sim-
» plicité plus admirable encore que leur labo-
» rieuse patience. Ils ne connaissaient point la
» règle dictée par les prophètes de leurs persécu-
» cuteurs : *Mentez hardiment, mentez toujours.* »

Cependant, nous avons vu plus haut les moines
de Saint-Denis se contredire impudemment en
qualifiant le roi Clovis II, non selon la vérité,
mais suivant qu'il dépouillait un tombeau d'un
or superflu pour en nourrir des affamés, ou qu'il
donnait à ces moines une exemption de toute juridiction. D'ailleurs, comme il résulte, d'une part,
de notre ouvrage : les *Bénédictins de la Congrégation de France,* en maints endroits, que les moines
de Solesmes et leur fameux fondateur savaient
très bien *mentir hardiment et toujours*, et que,
d'autre part, d'après M. de Montalembert lui-
même et Pie IX, les moines modernes se sont re-

vés *partout avec leur ancien esprit*, il s'ensuit que les vieux moines savaient déjà mentir hardiment avant Dom Guéranger et ses nombreux satellites.

L'auteur des *Moines d'Occident* fait les aveux suivants sur la façon dont la chasteté fut observée en beaucoup de monastères, dès les premiers siècles du monachisme.

On lit, page 327 de son tome V, relativement aux monastères anglo-saxons :

« La pudeur virginale de ces *fiancées du Sei-*
» *gneur* fut-elle toujours respectée par ceux qui
» occupaient les premiers rangs des peuples nou-
» vellement convertis et qui leur devaient, à ce
» titre, l'exemple du respect? Je suis bien obligé
» d'admettre qu'il n'en fut pas ainsi. Les monu-
» ments contemporains d'une autorité incontes-
» table constatent que plus d'un roi anglo-saxon
» semble avoir trouvé un plaisir spécial à faire sa
» proie des vierges consacrées au Seigneur. Il est
» probable que les princes et les grands n'imitè-
» rent que trop souvent l'exemple de leurs rois.
» A côté de divers traits signalés par l'histoire,
» les dispositions nombreuses des lois pénales
» portées par les rois anglo-saxons et anglo-
» normands, depuis Alfred jusqu'à Henri Iᵉʳ,
» contre le rapt des religieuses, même suivi du
» mariage subséquent, ou contre d'autres ou-
» trages à la pudeur démontrent que ces crimes
» étaient de ceux qui méritaient une répression,
» aussi énergique qu'habituelle. ».

HABITUELLE? Et qu'en dites-vous, lecteurs? Mais les Ordres religieux ont, d'après lui, *tou-jours été le boulevard et l'ornement de la société*!

Cela, dira-t-on, ne prouve rien contre les religieuses, mais seulement contre leurs ravisseurs.

Mais, l'auteur va réfuter l'objection lui-même, en disant, page 329 : « Ce qui surprend et afflige bien
» autrement encore, ce sont les décrets rendus
» par les principaux législateurs spirituels du
» pays, par les grands archevêques de Cantorbéry
» et Egbert d'York, qui prévoient et punissent les
» prévarications contre la continence claustrale,
» où la violence n'entre pour rien, et qui feraient
» supposer que ces crimes pouvaient être commis
» par ceux-là mêmes qui étaient tenus de veiller
» sur la pureté du sanctuaire, par ceux à qui leur
» caractère sacré devait imposer un frein invin-
» cible, par des prêtres et même par des évêques. »
L'aveu, sans doute, est assez explicite.

« Le *Pénitentiel* de Théodore (chap. xvi, § 26)
» prévoit le cas où quelques laïcs commettraient
» la fornication avec *beaucoup* de religieuses,
» de manière à *ne pas même en savoir le nombre,*
» et condamne le coupable à dix ans de jeûne,
» dont trois au pain et à l'eau. »

La chute si facile de ces *fiancées du Seigneur,*
tombant en nombre incalculable, est-elle une
preuve en faveur du vœu de continence, impuissant à les maintenir dans un état si contraire à
leur nature ?

« Le chapitre xviii, de *la Fornication des clercs,*
» impose douze ans de pénitence à l'évêque cou-
» pable, dix ans au prêtre, huit au moine et au
» simple diacre, cinq au clerc. La religieuse cou-
» pable est punie de même. S'il y a eu des enfants,
« la durée de la pénitence est portée à quinze.

» dix, huit et six. Le laïc marié ,se souillant avec
» la servante de Dieu, six ans, dont deux au pain
» et à l'eau; sept ans s'il a un enfant; cinq ans s'il
» n'est pas marié.. Même peine contre sa com-.
» plice. »

Ainsi les crimes honteux, contre nature, *exempts
d'enfants,* sont moins punis que les entraînements
de la chair conformes à l'ordre naturel et suivis
de la reproduction de l'espèce humaine! Or, l'historien des moines n'a pas le moindre blâme à l'é-
gard de telles dispositions.

Que penser également de ces paroles de saint
Boniface, écrites au roi de Murcie, au VIII° siècle,
et rapportées page 31 du tome V des *Moines d'Occident?* « Ces prostituées, lui dit-il, *soit du cloître,*
soit du siècle. » (*Epistolæ s. Bonifacii,* n° 59, Ed.
Gaffé, page 175.)

On lit, dans une lettre en latin à l'archevêque
d'York, que nous traduisons en français (Ibid.
n° 61) :

« Un mal inouï dans les siècles passés, et qui
dépasse du triple et du quadruple la luxure sodo-
mique, c'est que des chrétiens méprisent des ma-
riages légitimes et recherchent le commerce
criminel des femmes *voilées et consacrées.* »

M. de Montalembert écrit à la page CLXXXV :

« Que les évêques, et même les plus grands
d'entre eux, aient fini par rester témoins impassibles de tant de scandale, cela peut, non se justifier, mais s'expliquer par l'abus des exemptions
qui les avaient comme désarmés et désintéressés
de toute intervention dans la vie des communau-

tés. Mais comment s'expliquer que, parmi tant de bons et de saints papes, il ne s'en soit pas trouvé un seul pour refuser des bulles qui livraient l'honneur et les biens des plus célèbres monastères à des sujets notoirement indignes, tels que Bussy d'Amboise et l'abbé Dubois? Comment s'expliquer que tous aient laissé cette plaie purulente s'invétérer et se gangrener jusqu'au jour de l'irrémédiable ruine?

» A cette formidable question, il y a toutefois une réponse : c'est que la réforme des Ordres religieux n'est guère plus au pouvoir de l'Église que leur fondation. Jamais l'Eglise n'a fondé directement un Ordre religieux. Le fait est incontestable. Pour fonder un Ordre religieux, il faut des hommes spécialement suscités et destinés de Dieu à cet effet, des Benoît, des François, des Dominique, des Ignace. Ces hommes, l'Eglise les approuve, les encourage, mais elle ne les crée pas par un acte d'autorité. En serait-il autrement pour la réforme, qui est plus difficile encore, peut-être, que la fondation ?

» Il eût donc fallu des hommes. Ces hommes ont manqué. Dieu ne les a pas donnés, et l'Eglise ne les pouvait créer. Il y en a eu quelques-uns de temps en temps, mais pas assez pour une grande, générale et définitive réforme. Voilà pourquoi les Ordres religieux ne furent pas réformés. »

Ces Ordres n'ont donc pas TOUJOURS *été les phalanges d'élite de l'armée du Christ,* non plus que *le boulevard et l'ornement de la République chrétienne,* ainsi que le prétend le premier *infaillible*? Alors pourquoi M. de Montalembert rappelle-t-il à Pie IX, comme un fait glorieux, cette assertion qu'il établit comme étant démentie absolument par l'histoire ?

Et la fameuse réponse à la *formidable question* qu'est-elle, sinon, d'un bout à l'autre, un pur sophisme ? Et, d'abord, elle n'est pas adéquate. En effet, les papes ne se sont pas simplement abstenus de réformer le monachisme ; ils ont fait bien pis encore. Ils ont donné des bulles qui *livraient l'honneur et les biens des plus célèbres monastères à des sujets notoirement indignes.* L'unique et vraie réponse à la question *formidable* est des plus simples, la voici : PAS UN SEUL de ces papes nombreux, proclamés *bons* et *saints*, n'était ni *bon* ni *saint*, puisque PAS UN SEUL n'a rempli son devoir, et que TOUS *ont laissé cette plaie purulente s'invétérer et se gangrener jusqu'au jour de l'irrémédiable ruine.*

Ainsi, la ruine est venue après les scandales monastiques, dont tant d'évêques et de papes prétendus *saints* restaient les *témoins impassibles* !

Malgré l'auteur des *Moines d'Occident*, nous soutenons que la réforme monastique était au pouvoir de la véritable Eglise, ou bien que le monachisme est un état contre nature et, par conséquent, irréformable, et que, dans ce dernier cas, le devoir de l'Eglise était de le supprimer. Si l'Eglise est impuissante à remplir un devoir rigoureux, à quoi donc sert la prétendue infaillibité de son chef ? Elle n'est donc pas la véritable Eglise elle-même.

M de Montalembert en vient au raisonnement suivant :

« Restait, il est vrai, un remède : la suppression de la plupart des établissements. Mais l'Eglise recule devant des remèdes si extrêmes. Edifier, convient à son esprit ; détruire, lui répugne infiniment. Est-ce un tort ? Elle est toujours patiente, quelques-uns penseront peut-être qu'elle l'est trop.

» Quoi qu'il en soit, le mal demeura et alla croissant, jusqu'à ce qu'enfin il lassa la patience de Dieu même. »

On croit rêver devant un tel langage. Eh quoi ! cette Eglise ayant employé les bûchers de l'Inquisition, les dragonnades des Cévennes, les massacres de la Saint-Barthélemy, les tueries de Vassy, l'horrible Vendée et les égorgements de tant d'autres lieux, uniquement pour maintenir ses dogmes et son double pouvoir usurpé, cette Eglise, encore aujourd'hui souillée ignominieusement du sang de ses enfants combattant pour l'unité de l'Italie, a reculé, par esprit de *patience* et de douceur devant la réforme des monstrueux scandales du monachisme ? Elle s'est montrée, en cela, supérieure à *Dieu dont la patience a fini par se lasser* ? C'en est trop ! L'esprit divin n'anime pas votre Eglise ! Et, d'ailleurs, est-ce donc *détruire* en réalité, n'est-ce pas mille fois plutôt *édifier* que de supprimer des foyers de *gangrène invétérée et purulente* ? Et quand a-t-on jamais qualifié de *destructeur* un jardinier déracinant les mauvaises herbes pour les remplacer par des plantes utiles ?

Que dire de ce jugement incroyable ? Ecoutez :

« Au sein même de leur dégénération, les

moines les plus relàchés n'ont été coupables qu'aux yeux de l'Eglise de Dieu ; quels qu'aient été leurs torts envers leur Règle, envers leur état, envers leur conscience, ils *n'en ont eu aucun envers les hommes, envers la société.* » (Page 194.)

Vraiment? Mais, auteur illustre ! érudit sacrifiant *l'art à la vérité* ! nous dites-vous avec emphase, un peu plus loin, (page CCLXVII) vous écrivez pourtant ces lignes :

« Quel a toujours été le grand obstacle au triomphe du bien et du vrai sur la terre ? Il n'est certes pas dans le fond même des lois, des dogmes, des sacrifices qu'impose ou qu'implique la possession de la vérité. Cherchons-le plutôt chez les hommes chargés de proclamer la vérité, de représenter la vertu, de défendre la justice, et qui, trop souvent, inférieurs à leur tâche, infidèles à leur mission, détournent vers l'erreur ou le mal les générations *dont ils sont les guides et les tuteurs* RESPONSABLES. »

Et vous avez dit, célèbre écrivain, que les moines les plus relâchés n'avaient eu *aucun tort envers les hommes, envers la société* !

« Donnez au monde, ajoutez-vous, pour maîtres et pour modèles des hommes purs, dévoués, énergiques, humbles dans la foi, dociles au devoir, mais intrépides, mais incapables de mollesse et de bassesse, de vrais hommes, et le monde sera toujours, sinon sauvé par eux, du moins attentif à leur voix, enflammé par leurs leçons et, tantôt entraîné, tantôt retenu par leur exemple. Presque toujours ils triompheront du mal ; toujours ils se feront respecter de tous et suivre de plusieurs. »

On le voit : les contradictions multipliées de M. de Montalembert font suspecter son état mental ou sa bonne foi. Sa publication n'est pas sérieuse au point de vue du vrai. Son système est de louer, *quand même et contre la réalité des faits,* tout ce qui touche, ou de près, ou de loin, les moines. Il cherche à diminuer leurs torts quand il ne peut les cacher, et jette avec fureur sa bile aux écrivains impartiaux ne prenant conseil que de la vérité.

Passons maintenant aux moines du XIXᵉ siècle.

Un supérieur-général d'Ordre, encore aujourd'hui vivant, m'a dit connaître un couvent dont toutes les nonnes, de la supérieure à la dernière Sœur converse, étaient devenues, de « *fiancées du Seigneur,* » les épouses libres de leur aumônier, sans ombre de scrupule. Elles étaient persuadées que, de la sorte, elles participaient à la faveur de la Vierge ayant commerce avec le Saint-Esprit, à qui le confesseur servait d'intermédiaire.

Un jour, dans un couvent de nonnes, nous vîmes l'aumônier agacer de fort jolies novices de dix-huit à vingt ans, les prenant sur ses genoux et les couvrant de baisers. Toutes semblaient heureuses de recevoir les caresses d'un *si bon père.*

Or, l'aumônier, auquel nous crûmes devoir faire, en leur absence, une fraternelle remontrance à ce sujet, nous répondit que tout était *paternel* de sa part, et *filial* de celle des novices ; qu'il avait trouvé là le vrai moyen de les empêcher de regretter le monde et de s'ennuyer au couvent, en pensant trop à la famille abandonnée, aux affections naissantes sacrifiées, puisqu'elles recevaient de la sorte une compensation.

Dans ce même couvent, hors du confessionnal, nous reçumes d'une religieuse un aveu complet qui la soulagea des remords qu'elle avait conçus, pour s'être ainsi prêtée aux caresses de cet infâme.

Une autre fois, dans une abbaye bénédictine, en Suisse, et devant Dom Pradiè, bénédictin de Solesmes, nous en témoignant sa surprise et sa confusion, nous vîmes des religieuses, en face de nous, à table, enlaçant de leurs bras les épaules et le cou de religieux suisses, lesquels acceptaient sans façon ces tendres témoignages de fraternité monastique.

Dom Guéranger nous a lui-même affirmé qu'un moine espagnol, notre hôte, ancien Abbé d'un monastère en Espagne, avait des rendez-vous dans un bois voisin avec une femme de Solesmes. Or, il laissait dire la messe à ce religieux.

Dom Guéranger nous retint un jour dans sa cellule afin d'interpeller devant nous sans danger (car il n'était point brave) un de ses moines qui venait de passer la nuit à Sablé, distant de deux kilomètres, chez une soi-disant *cousine*, en tout cas d'un degré fort éloigné, d'un âge assez peu canonique, et de réputation laissant à désirer. Le moine, ayant peine à se disculper, se mit en fureur. Qui sait ce qu'il eût fait si Dom Guéranger ne nous avait eu pour témoin et défenseur?

Dom Guéranger lui-même a prêté grandement à la critique en recevant trop assidûment une dame voisine au parloir. On peut voir les curieux détails de ses relations avec madame L..., sa *fille spirituelle*, au chapitre XXXVI du tome I de nos *Bénédictins de la Congrégation de France*, intitulé : *Services intimes. Un bouquet.* Pour abréger, nous n'en voulons rien citer dans cet opuscule.

Un jour de 1861, nous trouvant au parloir d'un couvent de Bretagne avec la supérieure accompagnée d'une jeune assistante, lesquelles étaient séparées de nous par une grille, il arriva que, voulant nous montrer un document, la supérieure alla le chercher et nous laissa seul avec l'assistante. Or, un reste de dent, qui nous faisait souffrir, se détachant tout à coup, nous nous sentîmes la bouche humectée de sang.

— Permettez, ma Sœur, dîmes-nous à la religieuse, il faut que je vous quitte un instant pour aller dans la cour me purifier la bouche à la pompe.

— Oh! fit-elle avec tendresse, ayez la bonté de m'accorder, mon bien cher Père, une grande faveur. Rapportez-moi ce reste de dent, que j'aie au moins quelque chose de vous jusqu'à mon dernier soupir. Toute ma vie, à dater de ce jour, je porterai ce précieux trésor sur mon cœur.

— Je reviens aussitôt, ma Sœur, répondîmes-nous, effrayé d'une demande aussi singulière, et nous nous esquivâmes au plus vite. Au retour, la jeune religieuse nous la redemanda.

— Cette vilaine dent est perdue à tout jamais, dîmes-nous, je l'ai jetée au plus loin derrière un mur élevé.

— C'est dans notre jardin, répliqua-t-elle. Oh! je la chercherai jusqu'à ce que je la retrouve.

Et nous vîmes une larme étinceler et perler dans ses yeux languissants. La rentrée au parloir de la supérieure arrêta cette inattendue et si folle expansion de tendresse.

On pourrait composer des livres sans fin sur la
violation de la chasteté chez les moines et les religieuses modernes. Mais nous voulons en finir, faute
de place. Il nous suffira de dire ici que la précaution des judas à la porte de chaque cellule, à Solesmes, suppose extrêmement probable et fré-
quent le crime de la sodomie. Et, d'ailleurs, Dom
Guéranger a formellement accusé de cette abomi-
nation un de ses plus notables religieux, encore
aujourd'hui vivant. Quand nous nous plaignîmes,
un jour, de ce qu'il nous envoyait nous confesser
à ce moine, auquel il maintenait les pouvoirs de
confesseur quand même, il nous demanda depuis
quand et de qui nous avions appris ce dont il l'ac-
cusait.

— D'hier, répondîmes-nous, et des Pères Dom
Piolin et Dom Bourgeteau, lesquels affirment le
tenir de vous-même.

— Ils ont mal fait de vous le répéter, se borna-
t-il à nous dire.

Son accusation était-elle fondée? Alors la sodomie était pratiquée à Solesmes. Etait-elle injuste?
Alors Dom Guéranger fut un calomniateur! Belle
moralité monacale, en un cas comme dans l'autre!

§ V

Obéissance et Humilité
monastique.

Les Ordres religieux mettent leur troisième
vœu, celui de l'obéissance, incomparablement
au-dessus des deux premiers, ceux de pauvreté,
de chasteté. Pour connaître à fond la question
monastique, il nous faut donc voir si les moines
sont de parfaits modèles d'obéissance et d'humilité.

D'après la définition qu'en donnent les Ordres
religieux, le vœu d'obéissance est la promesse
faite à Dieu d'obéir en tout à sa volonté, dès
qu'elle est connue, et d'obéir de même à tous les
supérieurs, dépositaires de son autorité sainte.

Or, cette obéissance a trois degrés.

Le premier est d'exécuter la loi divine, ou
l'ordre d'un supérieur, à la lettre et sans s'écarter
en rien du mode prescrit.

Le second est de renoncer à sa volonté pour la
soumettre entièrement, et sans réserve, à celle du
supérieur.

Le troisième est de soumettre aussi son jugement propre et ses lumières, sans jamais exami-
ner les motifs du commandement, mais persuadé
que le supérieur, en donnant son ordre, a certainement bien agi.

Le premier degré convient à l'esclave et le
second au bon serviteur. Mais le troisième est
celui de l'enfant dévoué qui, certain que les ordres

de ses parents bien-aimés sont dans ses propres intérêts, les remplit avec amour sans les discuter.

C'est en inculquant fortement cette obéissance, au degré le plus parfait, que les supérieurs ont obtenu de leurs inférieurs la complète abnégation de leur jugement propre en faveur de l'autorité, devenue ordinairement despotique. Or, la preuve établissant que cette obéissance au troisième degré peut devenir, entre les mains d'un supérieur habile et fourbe, un instrument de mensonge et d'iniquité, c'est de voir ce qu'en a fait Dom Guéranger, supérieur général des bénédictins de la Congrégation de France, en l'inculquant à ses moines. Citons ici quelques exemples :

1° Dom Menault, son intime, et pénétré de cet esprit, nous dit un jour devant tous les Postulants et Novices de Solesmes :

— Je vous estime beaucoup et je vous suis bien attaché ; néanmoins si, pour des motifs à lui connus, Pie IX m'ordonnaït de vous tuer sur le champ, j'exécuterais sa volonté comme celle de Dieu même.

2° Dom Pradié, déjà Profès, mais demeurant encore au noviciat, nous dit un jour à tous, sur le ton le plus persuadé : ....

— Si notre Abbé m'ordonnait de me jeter, du haut de ce mur, sur les roches pointues gisant à sa base, immédiatement je m'y jetterais, assuré que Dieu ferait un miracle approbateur plutôt que de me laisser périr en obéissant.

Corollaires pratiques : 1° Si le pape était un monstre ordonnant le meurtre et le massacre, alors les évêques, les prêtres, les moines et tous les obéissants du troisième degré devraient se transformer vite en assassins, en bourreaux, pour exécuter ses décrets sanguinaires.

2° Si les supérieurs commandaient une chose extravagante à leurs inférieurs, ceux-ci devraient la faire en sacrifiant leur vie au besoin.

3° Un fait affreux d'obéissance aveugle à Dom Guéranger, c'est celui des religieuses bénédictines d'Andancette, au diocèse de Valence. Un épisode aussi dramatique est trop long pour être ici raconté. Nous renvoyons le lecteur au chapitre IV du tome II des *Bénédictins*. Disons seulement qu'en vertu de leur obéissance au degré sublime envers Dom Guéranger, ces religieuses signèrent en sa faveur, bien naïvement, des billets à ordre environ pour cent mille francs. Dieu ne vint à leur secours par aucun miracle. Elles durent, comme de simples imprudentes, vendre une partie de leurs immeubles et hypothéquer le reste afin de payer les billets protestés. Forcées d'abandonner leur chère solitude, elles s'en allèrent deux à deux, sur les routes, se recommander à la charité des prêtres et des fidèles, après en avoir reçu l'autorisation des évêques auxquels elles confièrent leur situation désolante. Elles finirent par intenter, devant le tribunal de la Seine, un procès au saint Abbé qui les avait réduites à la mendicité même, en leur inculquant si bien le troisième degré de l'obéissance. Et l'Abbé, qualifié de *vénérable* et de *saint* par son panégyriste ardent, le cardinal Pie, évêque de Poitiers, et traité, par Pie IX, d'*ami dévoué*, de *grand serviteur de l'Eglise*, a dû s'entendre, à Paris, en plein tribunal, qualifier d'*escroc* et condamner deux fois : la première, à quarante-sept mille francs de dommages-intérêts, la seconde, à quarante autres mille francs envers les bénédictines, ses consœurs, qu'il ne traita plus que de *misérables femmes d'Andancette*. Et c'est ainsi qu'est intitulé le chapitre IV auquel nous renvoyons pour ample exposé.

Notre ouvrage abondant en faits qui confirment les nombreux abus d'une obéissance aveugle à des supérieurs malhonnêtes, nous ne nous étendrons pas davantage ici sur ce sujet. Mais il reste à nous demander comment il se fait que ces partisans de l'obéissance *aveugle* à tous les supérieurs se montrent les plus récalcitrants, au contraire, envers l'autorité civile? Ils n'ignorent cependant pas le précepte du Christ : « *Rendez à César ce qui est à César,* » ni celui de l'apôtre Paul : « Soyez soumis aux puissances. »

Voici l'explication de l'énigme. Il appert évidemment de la conduite des religieux vis-à-vis des autorités civiles, conduite en contradiction formelle avec leur fameuse obéissance au troisième degré, que celle-ci n'est, au fond et dans l'intention des supérieurs, savoir, du pape et des évêques, des généraux d'Ordres, des provinciaux, des Abbés crossés et mitrés, etc., qu'un moyen de domination pour eux, non pas simplement sur leurs inférieurs directs, mais sur les pouvoirs publics auxquels, par leur nombre et leur discipline à nulle autre comparable, ils pensent être en état de résister victorieusement. Leur obéissance et leur prétendue humilité se transforment en révolte, en superbe, aussitôt que l'Etat, ayant mission de protéger l'ordre social, veut savoir si les Constitutions de tels et tels Ordres religieux ne créent aucun danger pour la société.

Quoi de plus orgueilleux et de plus contraire à l'obéissance, au degré même inférieur, que cette résistance ouverte et scandaleuse à l'exécution des décrets du 29 mars? Quoi de moins digne et de plus ignominieux que ces capucins de Chambéry se faisant porter, comme autant de cadavres, par quatre gendarmes, hors du couvent, puis déposer sur la rue et dans la boue, au lieu de sortir dignement, sauf à protester, s'ils se croyaient dans leur droit, contre la force employée à leur égard? De la sorte, ils n'eussent pas fourni prétexte, aux jeunes gens présents à leur expulsion, de leur chanter à la figure, en riant de tout cœur, ce gai couplet :

Il fut porté-z-en terre, mironton, mironton, mirontaine !
Il fut porté-z-en terre par quatre-z-officiers.   (TER)

Quoi de plus criminel que sept moines de Solesmes qui, voyant leurs barricades forcées malgré leur résistance et celle de leurs adhérents, montèrent au clocher et sonnèrent le tocsin pour appeler les paysans à s'armer en leur faveur? Ils croyaient, ces arriérés d'un siècle, à la résurrection de la chouannerie ! Ils ont dû voir, alors, du haut de leur beffroi, que les chouans sont morts pour tout de bon.

Quoi de plus burlesque, aussi, que l'attitude enfantine et sans dignité de quatre autres moines de Solesmes se couchant côte à côte en travers de la porte et, le premier apostrophant ainsi le vaillant exécuteur des Décrets, M. Gaston Joliet, sous-préfet de la Flèche :

— Est-ce que, pour exécuter des décrets

iniques, vous nous marcherez sur le corps, mon
cousin?

Une telle apostrophe étonna grandement M. le
sous-préfet qui ne s'attendait pas à trouver un
cousin à Solesmes.

L'ayant reconnu bien vite, il lui dit :

— C'est ici vous, mon parent? Or, pour désobéir
anx lois, vous prenez une attitude aussi peu
digne? Et vous espérez, par là, m'arrêter dans
l'accomplissement de mon devoir? Allons, par
honneur pour le nom qui nous est commun,
levez-vous vite, obéissez avec dignité.

— Je n'en ferai rien, passez-moi sur le corps,
si vous l'osez.

— Vous devez bien savoir que pas un Joliet de
Dijon ne marcherait sur le corps à personne.
Ainsi donc, je vous le répète une fois, mais rien
de plus : Levez-vous?

— Je veux rester ainsi. Passez, mon cousin.

— Brigadier, dit le sous-préfet, que quatre
gendarmes prennent poliment, et avec précaution,
ce jeune religieux, mon parent, par les quatre
membres, et le transportent à vingt pas d'ici.
Faites porter également les trois autres.

Gloire au jeune sous-préfet de la Flèche, aujourd'hui préfet de l'Ain, qui sut mettre au-
dessus de ses affections de parenté le parfait
accomplissement de ses devoirs civils et patrioti-
ques! Le gouvernement républicain a dû faire
avancer rapidement des hommes aussi résolus,
aussi dévoués à ses libérales institutions.

Chacun a lu dans les journaux la résistance
opiniâtre apportée à l'exécution des Décrets par

les prémontrés de Frigolet, près Tarascon. Leur siège en règle a duré plusieurs jours.

Voilà certes, des exemples d'insubordination et d'orgueil fort étranges de la part d'hommes ayant fait vœu d'obéissance et d'humilité chrétienne ! Or, a-t-on réfléchi mûrement à ce frappant contraste entre l'obéissance au degré le plus parfait des religieux envers leurs supérieurs monastiques, et cette résistance haineuse et désespérée aux lois de leur patrie ? Et quelle en peut donc être la cause ? On la découvre uniquement dans cette croyance, invétérée aussi bien chez les moines reconnus par l'Etat que chez les moines insurgés, savoir : que l'autorité spirituelle, ou représentée au degré supérieur par le pape et l'épiscopat, aux degrés inférieurs par les supérieurs monastiques, l'emporte incomparablement sur le pouvoir temporel, suivant les principes de la bulle Unam sanctam de Boniface VIII contre Philippe-le-Bel, en date de 1302 : « Il faut que
» l'autorité temporelle soit soumise à la puissance
« spirituelle... Que la puissance spirituelle l'em-
» porte en dignité comme en noblesse sur toute
» puissance temporelle, il nous faut le confesser
» d'autant plus clairement que les choses spiri-
» tuelles sont préférables aux temporelles... Donc,
» si le pouvoir terreestre dévie, il sera jugé par le
» pouvoir spirituel. »

§ VI

CONCLUSIONS

De tout ce qui précède, il résulte évidemment que le monachisme est contraire au christianisme, attendu qu'il est une fausse application de cet appel du Christ : « *Si tu veux être parfait, va,* » *vends tes biens, donne-les aux pauvres et suis-* » *moi!* » Les apôtres et les disciples ont quitté, les uns leur barque et leurs filets, les autres leur profession, pour prêcher une saine morale au peuple. Aucun d'eux n'a fondé de monastère. Aucun n'a soumis ses auditeurs aux vœux de pauvreté, de chasteté, d'obéissance. Il ressort de là que suivre le Christ n'est pas quitter le siècle afin de s'en épargner les charges et les devoirs, et vivre au jour le jour d'abord, aux dépens du public, pour s'enrichir ensuite, au mépris du Christ, par les moyens les plus malhonnêtes, la superche-rie et le vol, comme ont fait tous les Ordres religieux.

Suivre le Christ, c'est imiter sa vie, éclairer l'humanité, l'aimer avec ardeur, se livrer pour elle. Et ce n'est donc pas promettre une continence impossible à l'homme, ainsi que les aveux arrachés à l'évidence historique au plus fervent champion de la chasteté claustrale en sont la preuve assez péremptoire. Il confesse explicitement que les désordres si honteux des moines et des nonnes étaient le fait de la plupart des établissements. C'est bien moins encore abdiquer sa volonté même, et jusqu'à son intelligence et sa raison, pour les soumettre aveuglément à la direction intéressée et pleine d'orgueil de supérieurs adroits, fourbes et fripons, ne faisant de leurs inférieurs naïfs que des instruments de leur passion et de celles de leurs chefs plus élevés qu'eux. Une pareille abnégation de sa volonté, mais surtout de sa raison, constitue une immoralité profonde. Elle est la destruction de la conscience humaine, essentiellement libre et ne pouvant exister à l'état de dépendance envers une autorité quelconque, à moins que, par impossible, on établisse avec clarté que ladite autorité prétendue est infaillible, et, cela, sur le point particulier dont il s'agit entre elle et la conscience. Eh bien ! c'est ce qui ne pourra jamais arriver.

Le monachisme, ainsi contraire au christianisme, est le plus grand fléau de la société moderne, attendu qu'il en sape à la sourdine et souvent ostensiblement les bases. En effet, il ne saurait exister de société sans morale. Or, la morale est impossible en dehors de la liberté. Mais, pour constituer un acte libre, il faut qu'il soit fait avec connaissance de cause, un consentement parfait, joint à la possession de soi-même. Eh bien, ces conditions ne se trouvent pas chez le moine. Il s'interdit la connaissance de cause en adhérant sans examen, en véritable aveugle, à l'affirmation de supérieurs intéressés à le tromper. Il s'interdit le consentement plein, pour opérer machinalement tout ce que veut de lui son chef et maitre. Il s'interdit la possession de lui-même ; il appartient, comme un cadavre, au supérieur qui seul le fait mouvoir. Il n'est donc plus un homme, un être intelligent et moral ; il n'est qu'un instrument inerte, à la merci d'un moteur. A son tour, il tend à ne faire aussi des populations en masse, et des individus pris en particulier, que des machines inconscientes qui manœuvrent dans l'intérêt et au gré des dominateurs, les spoliant à leur aise au nom de la religion, laquelle ils font consister dans des momeries indignes, dans des pratiques ridicules. Voilà comment le monachisme a démoralisé tant de contrées en France, en Europe, et dans tous les pays où malheureusement il s'est implanté.

La liberté que l'on invoque en faveur des Ordres religieux n'est donc pas une liberté vraie ; elle est tout bonnement la licence au degré le plus ignoble. On demande en leur faveur la faculté d'empoisonner au moral les populations, tandis qu'on refuse aux charlatans sans aveu, comme aux sorciers, la faculté de s'occuper à guérir les maladies, tant qu'ils ne sont pas diplômés pour la médecine ou la pharmacie.

Le monachisme est le plus grand ennemi de la morale et du progrès intellectuel. Il s'oppose avec force à la diffusion de la vérité par l'enseignement laïque, obligatoire et gratuit. Pour toute pâture, il ne voudrait servir aux populations que son système immoral, insensé, de l'obéissance aveugle au clergé supérieur.

Quant au progrès matériel, il l'entrave autant qu'il en est en lui, parce qu'il le tient pour un produit de la science et que la science offusque et fait cligner ses yeux de chat-huant. Pourvu que le peuple assiste aux fêtes insensées que le monachisme et le cléricalisme ont créées dans le but de l'abêtir, telles l'Assomption de la Vierge au ciel sur les épaules des *anges* (purs esprits *sans épaules*), la Conception immaculée et tant d'autres fêtes saugrenues dont le moindre tort, déjà considérable, est de faire inutilement perdre à ce peuple un temps précieux qu'il eût employé beaucoup mieux dans ses intérêts matériels, les moines et leurs adhérents se déclarent satisfaits.

Que n'a pas dit et fait le monachisme afin d'empêcher le développement de certaines industries, dès qu'il les voyait patronnées surtout par le gouvernement républicain? Ses journaux se sont mis constamment en opposition avec les institutions du progrès, même uniquement matériel, dont l'Etat se fait aujourd'hui le promoteur. Ce serait bien superflu de descendre ici dans les détails, vu qu'ils sont connus de tous les lecteurs des feuilles publiques.

Ainsi donc, la question monacale ayant été, par nous, étudiée avec impartialité sous tous ses points de vue, et le résultat de cette étude étant que l'histoire et la raison nous montrent le monachisme absolument comme le plus redoutable ennemi du moine et de la société tout entière, il incombe à l'Etat de supprimer le monachisme au nom de la liberté même, au nom de la morale, au nom du christianisme, attendu qu'il les foule aux pieds avec hypocrisie, avec impudence.

Eh bien! voilà notre réponse à l'ouvrage en cinq in-8°, les *Moines d'Occident*, de M. de Montalembert. A sa fantasque affirmation : *Les peuples se sont en général engraissés aux dépens des moines*, nous citerons le proverbe en tous lieux répandu sur un homme d'un embonpoint scandaleux. On le dit alors : « GRAS COMME UN MOINE. » Au contraire, a-t-on jamais dit : *Gras comme un peuple?*

Allons, courage et résolution virile, ô vous, nos sages législateurs des deux Chambres! Rendez aux populations, en allégeant leurs impôts, tous ces biens que leur ont escamotés les moines trompeurs! Enlevez de devant les yeux des générations présentes et futures ces revenants des âges du despotisme et de la corruption! Supprimez moines et nonnes. Confisquez tous ceux de leurs biens dont ils ne sauraient justifier l'origine! Agissez vite, et le peuple équitable, applaudissant de tout son cœur, de toute la force de ses poumons, vous couvrira, s'il en est besoin, de son égide invincible. Il connaît cette maxime du Christ (Math. VII, 19): « Tout arbre qui ne produit pas de bons fruits, sera coupé et jeté au feu. » Les moines n'en produisent que de mauvais.

PIERRE DES PILLIERS,

Propriétaire à Grandfontaine, par Saint-Wit, (Doubs.)

Grandfontaine, Mars 1887.

...primerie O. Thiriet.